BEI GRIN MACHT SICH IHR WISSEN BEZAHLT

AF153212

- Wir veröffentlichen Ihre Hausarbeit,
  Bachelor- und Masterarbeit

- Ihr eigenes eBook und Buch -
  weltweit in allen wichtigen Shops

- Verdienen Sie an jedem Verkauf

**Jetzt bei www.GRIN.com hochladen
und kostenlos publizieren**

Marketingkonzept für ein stromerzeugendes Fitnessstudio. Trendforschung, Ideengewinnung, Zielgruppenfindung, Hakenmodell, Lean-Startup-Methode und Markenmanagement

GRIN ☺

Bibliografische Information der Deutschen Nationalbibliothek:

Die Deutsche Nationalbibliothek verzeichnet diese Publikation in der Deutschen Nationalbibliografie; detaillierte bibliografische Daten sind im Internet über http://dnb.d-nb.de abrufbar.

ISBN: 9783346765628
Dieses Buch ist auch als E-Book erhältlich.

© GRIN Publishing GmbH
Nymphenburger Straße 86
80636 München

Druck und Bindung: Books on Demand GmbH, Norderstedt Germany
Gedruckt auf säurefreiem Papier aus verantwortungsvollen Quellen

Das vorliegende Werk wurde sorgfältig erarbeitet. Dennoch übernehmen Autoren und Verlag für die Richtigkeit von Angaben, Hinweisen, Links und Ratschlägen sowie eventuelle Druckfehler keine Haftung.

Das Buch bei GRIN: https://www.grin.com/document/1298701

Deutsche Hochschule für

Prävention und Gesundheitsmanagement

Hermann-Neuberger-Sportschule 3

66123 Saarbrücken

Projektarbeit

Studiengang	Prävention und Gesundheitsmanagement
Studienmodul	Marketing und Vertrieb 2
Datum Präsenzphase (siehe Ergebnisdokumentation)	08.08. – 10.08.2022
Projektthema	Stromerzeugendes Fitnessstudio
Aufgabenstellung	1) **Trendforschung** 2) **Ideengewinnung** 3) **Selektion und Bewertung** 4) **Zielgruppenfindung** 5) **Hakenmodell** 6) **Lean Startup** 7) **Markenmanagment**

Inhaltsverzeichnis

1 Trendforschung

Kuhn, Ruff und Splittgerber (2014, S. 521) definieren die Trendforschung im Kern als Wissensarbeit, die aus der Analyse, Interpretation und Formulierung entsteht. Die Trend-forschung bezieht sich auf einen mittel- bis langfristigen (5 bis 10 Jahre) Zeithorizont. Für eine langfristige und substanzielle Entwicklung muss die Forschung auf systemati-sche Beobachtungen und empirische Forschungen zurückgreifen.

1.1 Potenzielle Zukunftsfelder

Themenfeld „Gesundheit der Menschen"
Die demographische Alterung in Deutschland nimmt weiterhin zu (Birg & Flöthmann, 2002, S. 387). Die deutlich steigenden Lebenserwartungen der Menschen führt zu einer höheren Zahl an älteren Menschen. Gerade für das Gesundheitssystem ist die steigende Lebenserwartung eine große Herausforderung. Im Alter steigt unter anderem die Gefahr an Herz-Kreislauf-Erkrankungen zu erkranken. Durch die seit 2020 herrschende Corona-pandemie kam weltweit ein Angstgefühl auf, sich mit dem Virus zu infizieren und lang-fristig gesundheitliche Schäden davonzutragen. Die getroffenen Auflagen der Regierung, wie beispielsweise die Schließung von Fitness- und Gesundheitsstudios und die Kontakt-beschränkungen, haben Auswirkungen auf die psychische Gesundheit. Die Auswirkun-gen aufgrund der Einsamkeit, Ängsten und Depressionen sind nicht abschätzbar. Der se-kundäre Gesundheitsmarkt muss an dieser Stelle eine kompensierende Rolle einnehmen.

Themenfeld „Freizeit der Menschen"
Aufgrund der von den Regierungen getroffenen Vorkehrungen während der Lockdown-monate seit 2020, wie beispielsweise die Schließung von Bildungs- und Freizeiteinrich-tungen, sowie verschiedener Gewerbebereiche, ist die Bevölkerung gezwungen die meiste Zeit zu Hause zu verbringen. Erziehungsberechtigte, die gleichzeitig auch Erwerbs-tätige sind, müssen ihre Kinder zu Hause betreuen und unterrichten, nebenbei aber auch ihrer Arbeit nachgehen. Kinder und Jugendliche sind eingeschränkt, verlassen seltener das Haus, da die Bildungsstätten und Freizeiteinrichtungen geschlossen sind. Die ganze verfügbare Zeit wird mit der Familie oder zu Hause verbracht, was ein großes Potenzial für digitale Angebote im Gesundheits- und Sportbereich mit sich bringt.

Themenfeld „Arbeit der Menschen: New Work"

Durch den bereits oben erläuterten demographischen Wandel, entsteht auf dem deutschen Arbeitsmarkt ein steigender Fachkräftemangel. Immer mehr Schulabsolventen entscheiden sich für ein Studium und gegen eine Ausbildung. Ein duales Studium, bringt heranwachsende Fachkräfte in die Unternehmen. Um diese Mitarbeiter langfristig an das Unternehmen zu binden und eine hohe Mitarbeiterzufriedenheit zu schaffen, stellen Arbeitgeber Angebote zur Verfügung, wie beispielsweise Bonusprogrammen im Sportbereich. Die Gesundheitsbranche ist ein großer Zukunftsmarkt für Arbeitgeber und -nehmer.

Themenfeld „Faktor Sport"

Während der Lockdownmonate seit 2020 kam es dazu, dass Mitglieder in Gesundheits- und Fitnessstudios, sowie in den Vereinen ihren sportlichen Aktivitäten nicht mehr nachgehen konnten. Es drohte für alle beteiligten Anbieter ein Mitgliederschwund. Durch die Zulassung der Impfstoffe und das Impfangebot im Jahr 2021, gab es wieder die Möglichkeit das Training unter Einhaltung gewisser Vorkehrungen zu ermöglichen. Etwas zeitversetzt war es auch für Mannschaftssportarten wieder möglich das Training aufzunehmen und spätere Wettbewerbe mit Zuschauern durchzuführen. Ein Markt, welcher durch die Schließung der Anlagen profitieren konnte, war der online Fitnessmarkt und der e-Sport Sektor. Angebote für online Kurse waren für alle Altersgruppen interessant und eine gute Alternative. Die Kombination aus Sport und Technik ermöglichte dank neuster Technologien, beispielsweise im VR Bereich (virtual reality), ein Bewusstsein für sportliche Aktivitäten zu schaffen. Auch das Ernährungsverhalten mit Supplementierung kann als weiterer Zukunftstrend betrachtet werden.

Auswahl und Begründung des Themenfeldes „Faktor Sport"

Für immer mehr Menschen in Deutschland gehört Sport zum Alltag, sei es zum Auspowern, abschalten oder zuschauen. Aufgrund der Coronapandemie und den damit verbundenen Schließungen und Kontaktbeschränkungen, konnten vielen Menschen ihrem Alltagsausgleich nicht mehr nachgehen. Der Wunsch den Sport wieder ausüben zu können oder an Veranstaltungen vor Ort teilzunehmen wurde immer größer. Um dies wieder möglich zu machen, gab es Vorschriften, die Betreiber und Veranstalter einhalten mussten. Das neu gewonnene Hygienebewusstsein brachte einen großen Spielraum für innovative Lösungen und Konzepte mit sich. Auch der Bereich des eSports und des Streamings im Freizeit- und Profisport bringt ein enormes Wachstumspotenzial mit sich. Ebenfalls wichtige Themen sind: Nachhaltigkeit und Ressourcenplanung. Diese beiden

Themen bilden zusammen mit den herkömmlichen Sportmöglichkeiten und dem modernen eSport einen großen Zukunftstrend. Im Vergleich zu den anderen oben beschrieben Themenbereichen, handelt es sich im Bereich „Faktor Sport" um die größte Zielgruppe, mit der meisten Vielfalt und um den innovativsten Bereich.

1.2 Trendkategorien

Laut Deckers und Heinemann (2008, S.56) sind Trends „Veränderungsbewegungen in der Umwelt, die in der Gegenwart bereits wirksam und sichtbar sind und damit auch quantitativ abgeschätzt und qualitativ beschreiben werden können". Insgesamt gibt es nach Horx, Huber, Steinle und Wenzel (2007, S. 30-31) und Deckers und Heinemann (2008, S. 56 ff.) die vier folgenden Trendkategorien.

Trendkategorie	Beschreibung
Metatrends	Metatrends haben einen großräumigen und universellen Charakter, innerhals dieser Trendkategorien einfaltet und organisiert sich alles andere.
Megatrend	Megatrends haben tiefgehende Auswirkungen auf alle Lebensbereiche und weisen einen globalen Charakter auf. Die Dauer beträgt mindestens 30-50 Jahre und verkraftet auch einmal vorübergehende Rückschläge.
Soziokulturelle Trends	Soziokulturelle Trends beziehen sich auf die Lebensgefühle und Sehnsüchte der Menschen. Die zum Vorschein kommenden Defizite beeinflussen die gesellschaftliche Entwicklung.
Konsumententrends	Konsumententrends beschreiben die generellen Veränderungen im Konsumentenverhalten und Verfolgen den gesellschaftlichen Wandel, Produkte und Moden. Diese Trendkategorie ist meist ein übergeordneter soziokultureller Trend.

Der gewählte Themenbereich „Faktor Sport" lässt sich mit zwei der oben genannten Trends beschreiben. Der soziokulturelle Trend umfasst das Bedürfnis das Gemeinschaftsgefühl wieder aufleben zulassen. Der Bereich eSports ist ein Konsumententrend, der sich aus dem soziokulturellen Umfeld entwickelt hat. Im Rahmen dieser Projektarbeit wird zur Trend- und Zukunftsforschung das Business Wargaming angewendet. Diese strategische Simulation wird auf Grundlage verschiedener möglicher Zukunftsszenarien und Wettbewerbssituationen entwickelt und hat dabei zum Ziel die eigene Strategie zu optimieren. Die Rahmenbedingungen sehen den Gesundheitsmarkt als Zukunftsmarkt. Um auf die Veränderungen auf dem Markt vorbereitet zu sein, ist es sinnvoll Entwicklungen auf Grundlage von Hypothesen anzunehmen.

2 Ideengewinnung

Für die Entwicklung neue Produkte und Dienstleistungen wird die Brainwriting Methode angewandt. Die 6-3-5 Brainwriting Methode ist eine Kreativtechnik, die das Generieren von neuen Ideen innerhalb einer Gruppe fördert. Hierbei sitzen alle Teilnehmer an einem Tisch, der Projektverantwortliche ist für die Organisation und das Zeitmanagement ver-antwortlich und hat sich zuvor eine klar definierte Frage überlegt, zu welcher Ideen ge-sammelt werden sollen. Wie der Name schon beinhaltet, gibt es 6 Runden, 3 Ideen, 5 Minuten. Innerhalb der ersten Runde schreibt jeder Teilnehmer in den fünf Minuten drei Ideen zur Frage auf. Nach Ablauf der Zeit, wird der Zettel an den linken Nachbarn wei-tergegeben, dieser entwickelt in der zweiten Runde diese Ideen weiter. Nach Ablauf der Zeit, wird der Zettel wieder weitergereicht. Das Weiterreichen erfolgt so lange, bis der Zettel wieder an der Anfangsposition angekommen ist. Am Ende werden die entwickelten Ideen diskutiert und priorisiert (Kurzhals, Uude, Sormani, Chak & Banze, 2022, S.184 ff.). Die folgenden 15 Ideen wurden zum Thema „Faktor Sport" erarbeitet.

Tabelle 1: Ideen und deren Beschreibung zum Thema "Faktor Sport" (eigene Darstellung)

Bezeichnung der Ideen	Beschreibung
Hygienekonzepte für Großveranstaltüngen	Eine Firma, welche sich speziell auf die Hygienekonzepte bei Großveranstaltungen fokussieren. Sie organisieren unter anderem die Regelungen auf den Sanitäranlagen, Verkaufsständen und An- und Abreise
Hygienekonzepte für Gesundheits- und Fitnessstudios	Eine Firma, welche sich speziell auf die Hygienekonzepte innerhalb Gesundheits- und Fitnessstudios fokussiert. Sie organisieren unter anderem die regelmäßige Lüftung, Desinfizierung der Geräte und die Abstandsregeln
Aufzeichnung von Großevents	Kamerapersonal zeichnet Großevents durch Drohnen auf und ermöglicht dadurch eine Sicht auf Sportler aus verschiedensten Perspektiven
Livestreaming von Großevents	Installierte Kameras zeichnen Bewegungen von Sportlern auf und ermöglichen Nutzern das Streamen der Veranstaltungen
App für Challenges	Eine Community bekommt Gemeinschaftschallenges, welche absolviert werden müssen, um neue weitere Übungen freizuschalten und bessere Belohnungen zu bekommen.
Gamification Anwendungen	Anwendungen die Inhalte erst nach erfolgreichen absolvieren von Aufgaben freischalten und den Zugang nur so ermöglichen
VR Einkaufsmöglichkeiten	Mode am eigenen Körper sehen und farblich anpassen, um Retouren zu minimieren
VR Erlebnis Leistungssport	Durch installierte Actionkameras haben Zuschauer die Möglichkeit die Sportart aus Sicht des Sportlers zu erleben
VR Sportkurse	Um an Sportkursen in aller Welt teilzunehmen, wird ein spezielles System entwickelt
Outdoor Fitnessparks	Entwicklung von wetterfesten, nachhaltigen und robusten Geräten.
Vegane Ernährungsergänzung	Eine nachhaltige und vegane Ernährungsergänzung entwickelt, die mit wenigen und vor allen Dingen natürlichen Inhaltsstoffen auskommt.
Leistungszentrum eSport	Trainingslager für professionelle Sportler und Teams in Vorbereitung aufkommende Wettkämpfe
Leistungsdiagnostik eSport	Entwicklung Leistungsdiagnostikverfahren für den professionellen eSport in beispielsweise den Bereichen Reaktion und Stressbelastung

Vereinskarte	Die Vereinskarte ermöglicht Vereinsmitgliedern die Vereine in Umkreis von 50km zu Nutzen.
Stromerzeugendes Fitnessstudio	Training auf den Cardiogeräten im Fitnessstudio erzeugt Strom, welcher gespeichert und später vom Studio genutzt werden kann.

Von den oberhalb genannten 15 Ideen wird die Idee, ein stromerzeugendes Fitnessstudio zu gründen im weiteren Verlauf der Arbeit betrachtet. Das Konzept hat einen klimafreundlichen und nachhaltigen Umweltaspekt. Zusätzlich werden Mitglieder ein Zusammengehörigkeitsgefühl entwickeln und zusammen gutes für sich und die Umwelt tun.

3 Selektion und Bewertung

Auswahl der Ideen

Wie bereits beschrieben sind die Ideen auf Grundlage der Business-Wargaming Methode entstanden. Dadurch ist eine marktorientierte Bewertung der Innovationen sinnvoll. Auf Grundlage des Scoring Models wurde die finale Auswahl getroffen. Die genannten Innovationen wurden in einer Befragung vorgestellt und die Ergebnisse wurden anhand einer Präferenzanalyse ausgewertet. Anschließend wurde die technische und organisatorische Umsetzbarkeit geprüft. Die einzelnen Auswertungen ergaben, dass das stromerzeugende Fitnessstudio die größte Nutzungswahrscheinlichkeit hat und das geringste unternehmerische Risiko mit sich bringt.

Konzept hinter der Idee

Das Konzept hinter der ausgewählten Idee ist es, dass ein Fitnessstudio errichten wird, welches den eigenen benötigten Strom durch die Nutzung verschiedener Geräte erzeugt. Der Strom wird einerseits im Cardiobereich durch Laufbänder, Fahrrad-, Ski-, und Ruderergometern und des weiteren im Kursbereich durch Spinningräder erzeugt, gespeichert und bereitgestellt. Bei jedem Mitglied wird die erzeugte Menge an Energie gemessen und gespeichert. Es gibt verschiedene Meilensteine, die erreicht werden können und die gleichzeitig einen reduzierten Mitgliedsbeitrag ausdrücken. All diese Daten werden in einer App gespeichert, welche für jedes Mitglied zugänglich ist. Durch das Ranking, welches anzeigt wie viel Energie jedes einzelne Mitglied erzeugt hat, wird ein Anreiz geschaffen der oder die Beste zu werden.

Marktgröße

Die deutsche Fitnessbranche erwirtschaftete im Jahr 2020 etwas 5,5 Mrd. € Umsatz (Statista 2021). Die Tendenz ist trotz Coronapandemie weltweit steigend (Statista, 2020). Das Potenzial in der Gesundheits- und Fitnessbranche ist noch nicht ausgeschöpft, daher ist es möglich ein neues Konzept in dieser Branche zu etablieren.

Wettbewerb

Mitbewerber richten ihre Studioausstattung primär auf Interessenten aus, die Muskeln aufbauen, ein einfaches Zirkeltraining absolvieren oder einen Kurs besuchen wollen. Das erarbeitete Konzept umfasst zwar auch die genannten Punkte, hat aber zusätzlich noch einen positiven Einfluss auf die Umwelt.

Probleme des Konzepts

Aufgrund der neuen Idee und der damit verbundenen Innovation auf dem Markt, müssen viele Entscheidungen getroffen werden. Es ist schwer einen Vergleich zu anderen Marktteilnehmern zu ziehen und die Kennzahlen zu bewerten, da es sich um ein innovatives Konzept handelt. Die Mitbewerber nicht zu früh die Informationen zu dem innovativen Konzept enthalten, da sonst die Gefahr hoch ist, dass das Konzept kopiert wird.

4 Zielgruppenfindung

4.1 Emotionssystem nach Häusel

Das Zentrum der Emotionssystems umfasst neben den Vital-Bedürfnissen wie Schlaf, Nahrung und Atmung nach Häusel (2010, S. 31) auch drei weitere große Emotionssysteme: das Balance-, Dominanz- und Stimulanz-System. Das ausgearbeitete Konzept spricht am stärksten das Dominanz-System an.

Tabelle 2: Merkmale und Begründungen zum innovativen Konzept (eigene Darstellung)

Merkmal	Begründung
Erfolg	Das Studio hat durch den einen hohen Mitgliedsbeitrag und einer begrenzten Mitgliederanzahl eine gewisse Exklusivität. Bereits beim Probetraining und späteren Vertragsabschluss wird ein exklusives Gemeinschaftsgefühl erzeugt.
Macht	Mitglieder haben die Macht ihren eigenen Mitgliedsbeitrag durch erfolgreiche Trainingseinheiten zu senken. Durch das Erzeugen von Strom haben die Mitglieder ein Gewisses Machtgefühl, da sie überspitzt gesagt die Welt verbessern.
Anerkennung	Wer Mitglied in einem exklusiven Studio ist, welches gleichzeitig noch etwas Gutes für die Umwelt tut, erhält von den Mitmenschen Anerkennung und Bewunderung.

Leistung	Bei jedem Mitglied wird die erzeugte Energie gemessen und dokumentiert. Die Leistungen aus jeder einzelnen Trainingseinheit werden in ein Gesamtranking getragen, wodurch jedes Mitglied eine dauerhafte Messung und Bewertung der persönlichen Leistung erhält.

Das Studiokonzept deckt ebenfalls auch Teile des Stimulanz-Systems ab, beispielsweise die Extravaganz, die ein solches Studio besitzt, aber auch das Balance-System wird durch ein Zugehörigkeitsgefühl angesprochen.

4.2 Typologie nach Häusel

Innerhalb der limbischen Instruktion sind den Menschen einer Zielgruppe konkrete Charakterisierungen zugeordnet. Laut Häusel (2005, S. 93) sind circa 53% der Bevölkerung dem Typus Balance, Dominanz oder einer Mischung der beiden Typen zuzuordnen. Diese werden entweder als Bewahrer (35%), als Disziplinierter (12%) oder als Performer (6%) bezeichnet. Die fünf Eigenschaften: Ehrgeiz, Fleiß, Natur, Stolz und Gerechtigkeit sind Merkmale, die bei der Wunschzielgruppe zu dem unter Punkt 3 genaues erläutertes Konzept passen. Der ökologische Nutzen, der Wettbewerb und die Möglichkeit mit Fleiß den Mitgliedsbeitrag zu reduzieren sind die Hauptgründe für eine Mitgliedschaft.

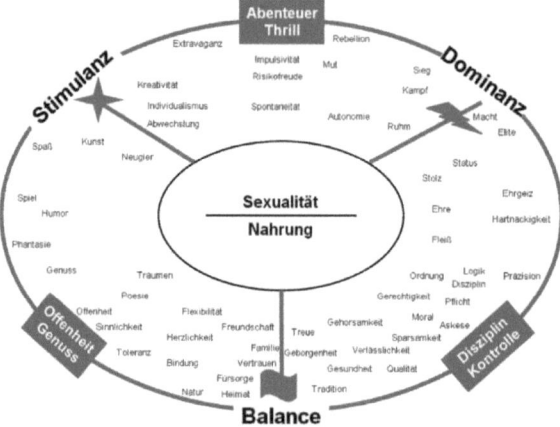

Abbildung 1: Typologien nach Häusel (modifiziert nach Häusel, 2007, S. 32), Größere Darstellung am Ende der Arbeit.

4.3 Persona-Konzept

Beim Persona-Konzept werden Personengruppen des alltäglichen Lebens idealtypisch charakterisiert (Uebernickel, Brenner, Pukall, Naef & Schindholzer, 2015, S.125). Laut Uebernickel et al. ist eine Persona dementsprechend eine vereinfachte Darstellung einer Personengruppe mit vorher festgelegten Parametern, allerdings unterschiedlicher Eigenschaften. Durch die getroffene Charakterisierung kann in der Geschäftsmodellerstellung bespielweise das Marketing auf die Zielgruppe angepasst werden, um somit die richtigen Personen mit den richtigen Botschaften anzusprechen. Um den bestmöglichen Eindruck von einer Zielgruppe zu erhalten, wurde das Sieben-Schritte-Verfahren von Cooper angewendet (Uebernicke et al., 2015, S. 125-126).

1. Während einer Beobachtungsstudie wurden Mitglieder von Fitnessstudios im Premiumsegmet analysiert. Dadurch kann die Alters- und Geschlechterstruktur der Zielgruppe genauer bestimmt werden.

2. Beim Mapping werden die Personen den unterschiedlichen Kriterien zugeordnet. Zu den Kriterien zählen das Geschlecht, das Alter und die Einkommensstruktur.

3. Die durch Schritt 2 entstandenen Muster bilden die Grundlage der ersten Personas.

4. Die vorhergegangenen Schritte wurden für zwei weitere Attribute durchgeführt. Die erste Analyse wurde durch eine anonyme Befragung durchgeführt, wo im Mittelpunkt die Einkommensstruktur und das Umweltbewusstsein standen. Die zweite Analyse wurde bei Sportveranstaltungen der lokalen Vereine durchgeführt.

5. Die dadurch entstandenen Personas wurden auf Vollständigkeit und Unterscheidbarkeit überprüft und überarbeitet.

6. Durch die vorangegangenen Analysen sind zwei Personas entstanden, die im weiteren Verlauf genauer dargestellt werden.

7. Durch die vorherigen Schritte ist es nun möglich die Personas den Persona-Typen zuzuordnen. Hierbei werden die Personas in primäre Personas (Hauptzielgruppe), den Customer Persona, welche die Anforderungen der Gruppe an das Produkt aufzeigen und die negativen Personas (Nicht-Nutzer Gruppe) angehören, aufgeteilt.

Im Folgenden werden die zwei entstandene Personas zum Produkt stromerzeugende Fitnessstudios genauer erläutert. Sie geben Aufschluss über die Zielgruppe des Geschäftsmodells und über welche Kanäle sie zu erreichen sind.

Persona „Michael": 54 Jahre, Lehrer, verheiratet, zwei Kinder (10 Jahre und 14 Jahre) und wohnt außerhalb der Stadt in einem Eigenheim. In seiner Freizeit spielt er gerne Tennis, geht 2x die Woche joggen und beschäftigt sich mit Modellbau. Für seine Familie zu da zu sein ist ihm sehr wichtig. Über das tägliche weltweite Geschehen informiert er sich über sein Smartphone. Er ist ein sehr strukturierter Mensch und beschäftigt sich zunehmend mit der Zukunft. Sport ist für ihn ein Ausgleich von der Arbeit und auch ein Wettkampf. Empfehlungen und Bewertungen helfen ihn beim Treffen von Entscheidungen.

Persona „Michelle": 24 Jahre alt, in einer festen Partnerschaft, keine Kinder und arbeitet Vollzeit als Krankenpflegerin. Sie wohnt zusammen mit ihrem Partner in einer Dachgeschosswohnung im Stadtzentrum. Gerechtigkeit für Mitmenschen, Umwelt und Tiere sind ihr sehr wichtig. Sie nähert sich einem minimalistischen Lebensstil an. Alle wichtigen Informationen bezieht sie aus dem Internet und Facebookgruppen. Sport treibt sie zum Ausgleich und zur Prävention. Wie sie bei ihren Mitmenschen ankommt, ist ihr sehr wichtig, daher fragt sie oft nach Meinungen.

4.4 Jobs-to-be-done

Bei dem Jobs-to-be-done Konzept wird sich nicht auf die Gemeinsamkeiten der Personengruppen konzentriert, sondern die zu löschende Aufgabe (Job) (Christensen, 2010; Christensen et al., 2016). Laut Furr & Dyer (2014, S.92) hat diese Methode den Vorteil, dass ein tieferer Einblick auf das Problem des Kunden ermöglicht wird.

Smoke Test

Beim Smoke Test wird beispielsweise eine Website erstellt, Werbung geschaltet oder online Kanäle genutzt, um die Zielgruppe zu erreichen und weitere Informationen zu erhalten. Die oben genannten Möglichkeiten werden den Personen so nah wie möglich gebracht, um ihre volle Aufmerksamkeit zu erhalten (Furr & Dyer, 2014, S.104). Zur Durchführung werden Social Media Anzeigen und Google Ads geschaltet. Beide Anzeigentypen erhalten eine klare Botschaft, die zur Landingpage führt. Auf der Landingpage sind die identifizierten Werte und Besonderheiten detailliert darstellt. Die geschalteten Anzeigen unterscheiden sich nach den verschiedenen Persönlichkeitsmerkmalen und stellen die Eigenschaften, wie das Studiokonzept, Exklusivität, Reduzierung der Mitgliedsbeiträge und Rankings dar. Des weiteren enthält die Anzeige eine Fragestellung, aus der hervor geht ob weiteres Interesse an dem Produkt besteht. Durch die daraus entstehende Reaktionsquote lassen sich weitere verschiedene Personengruppen ableiten. Durch das Smoke-Test Konzept wird ermittelt, durch welches Hauptmerkmal sich die meisten Menschen angesprochen gefühlt haben und wie groß das Gesamtinteresse am Konzept ist.

Erwartung

Zu vermuten ist, dass bei Frauen unter 30 Jahre die größte Reaktionsquote auf dem Umweltaspekt liegt. Wohingegen bei Frauen über 30 Jahren das Betreuungskonzept die höchste Reaktion erzielen könnte. Bei Männern unter 30 Jahren könnte aufgrund der Einkommensstruktur das Konzept zu den variablen Mitgliedsbeiträgen am erfolgreichsten sein. Wohingegen bei Männern über 30 Jahren vorstellbar ist, dass das Ranking und der damit verbundene Wettbewerbsgedanke einen wesentlichen Punkt ausmachen.

Herausforderungen

Durch den Fokus auf die digitalen Medien kann das Ergebnis verfälscht werden, da so nur ein Teil der Hauptzielgruppe erreicht wurde und dies nicht das Interesse der gesamten Gruppe widerspiegelt. Zusätzlich wurden die Anzeigen für ein noch nichtexistierendes Produkt erstellt. Dadurch kann zwar das grundsätzliche Interesse betrachtet werden, allerdings können keine weiteren Einflussfaktoren, wie beispielsweise Einblicke in das Studio, das Corporate Design oder die Vertragsstrukturen betrachtet werden. Gerade bei Dienstleistungen, die nicht digital angeboten werden, sind die oben genannten Faktoren für eine Gewinnung von Neukunden sehr wichtig.

5 Hakenmodell

Nachdem die Zielgruppen festgelegt und die Charakteristika der potenziellen Kunden identifiziert wurde, ist es nun wichtig das Produkt, das stromerzeugende Fitnessstudio, in die Gewohnheiten der Personen zu bringen. Eine Methode hierzu sind das von Eyal (2014, S.12-17) entwickelte Hakenmodell, welches aus vier Phasen besteht.

Auslöser

Der Auslöser kann von außen oder innen heraus stattfinden (Eyal, 2014, S.50). Äußere Auslöser erschaffen durch externe Maßnahmen Anreize und werden unterschieden zwischen bezahlten, verdienten, beziehungs- und besitzeigenen Auslösern (Eyal, 2014, S.49). Innere Auslöser sind weder sichtbar noch von außen identifizierbar, da sie an negative oder positive Emotionen der Person gebunden sind (Eyal, 2014, S.50).

Handlung

Die Handlung kann nur in Gang gesetzt werden, wenn die folgenden drei Komponenten in einem ausreichenden Maß vorhanden sind: Motivation, Fähigkeit zum Handeln und der Auslöser (Eyal, 2014, S.63). Die Motivation besteht aus drei Bestandteilen, die die Stärke des Handlungswunsches definieren. Laut Eyal (2014, S.63) sind sie folgendesmaßen definiert „nach Vergnügen zu streben und Schmerzen zu vermeiden, nach Hoffnung zu streben und Angst zu vermeiden und schließlich nach sozialer Akzeptanz zu streben und Zurückweisungen zu vermeiden". Die Fähigkeit zu handeln, wird als „das Vermögen, ein bestimmtes Verhalten auszuüben" definiert (Eyal, 2014, S.68). Nach Fogg (zitiert nach Eyal, 2014, S.68-69) zählen die benötigte Zeit, die Kosten, die physische Anstrengung, die Denkzyklen, die soziale Devianz und ob die Handlung in die gewohnte Routine passt zu den Bestandteilen der Fähigkeit

Variable Belohnung

Die variable Belohnung wirkt sich besonders auf die Motivation des Kunden aus und beeinflusst das Interesse an dem Produkt und ermöglicht darauf eine Gewohnheit zu bilden (Eyal, 2014, S.92). Insgesamt unterscheidet Eyal (2014, S.93-110) zwischen drei Arten von Belohnung: Stamm (Anerkennung und Aufmerksamkeit), Jagd (Erfolgserlebnis) und Selbst (persönliche innerliche Befriedigung).

Investition

Das Ziel der Investition ist es, das Produkt noch einmal zu nutzen und dem entsprechend eine Bindung aufzubauen. Auch der Aufbau eines Rufs oder die investiere Zeit und Mühe führen dazu einem Produkt treu zu bleiben (Eyal, 2014, S.136-144). Des weiteren sollen kognitive Dissonanzen, also die Unvereinbarkeit von Einstellungen, Meinungen und Wünschen vermieden werden (Eyal, 2014, S.132).

Um das Hakenmodell auf die eigene Idee zu übertragen sind die folgenden fünf Fragen zu beantworten (Eyal, 2014, S. 153-154).

1. Welche inneren Auslöser berührt das Produkt?

   Einer der inneren Hauptauslöser ist die Unzufriedenheit mit dem eigenen Körper und dem Wunsch etwas zu verändern. Des weiteren kann auch das Interesse an einem internen Wettbewerbung und Ranking ein innerer Auslöser sein.

2. Welche äußeren Auslöser treibt die Kunden zu ihrem Produkt?

   Die äußeren Auslöser existieren, sobald eine Marke gebildet, ein Image kreiert und eine Kundenbeziehung aufgebaut wurde, sodass das Studio durch eine positive Präsenz und Erfahrungen von Vertrauenspersonen neue Kunden gewinnt.

3. Befriedigt die Belohnung das Bedürfnis des Konsumenten und zieht gleichzeitig aber den Wunsch nach mehr nach sich?

   Bereits während der ersten Trainingsminute entsteht ein Nutzen für die Umwelt, dem Interessenten wird dieses Nutzen in Form einer Platzierung auf dem Ranking veranschaulicht. Durch den Wettkampfgedanken hinter dem Ranking und der körperlichen und gesundheitlichen Fitness, die erlangt wird, erhält der Kunde Anerkennung von Mitmenschen und dies ist wiederum eine Belohnung für sich selbst.

4. Was investieren die Kunden in das Produkt, sodass daraufhin der nächste Auslöser in Gang gesetzt wird und sie zurückkehren?

Der Kunde selbst investiert vor allen Dingen seine Zeit und körperliche Leistung, um sportliche Ziele zu erreichen, Strom zu erzeugen und den Rankingplatz zu erhalten. Des weiteren investiert er auch Geld für den Monatsbeitrag. Durch die Skalierbarkeit dieser Ziele, können selbst nach Erreichen der Ziele direkt neue Ziele gesetzt werden, wofür direkt in der nächsten Trainingseinheit wieder trainiert wird.

5. Welche ist die einfachste Tätigkeit, die mit der Erwartung einer Belohnung einhergeht?

Es gibt zwei verschiedenen Anreize hinter diesem Konzept. Erstens kann durch Training der Umwelt etwas zurückgegeben werden und zweitens wird durch regelmäßiges Training der Mitgliedsbeitrag gesenkt. Ebenso das angesprochene Ranking ist ein Anreiz für regelmäßiges Training.

Um das Training in dem stromerzeugenden Fitnessstudio zu einer Gewohnheit werden zu lassen, muss der Interessent entweder seine sportlichen Ziele erreichen wollen, an einem internen Wettkampf mit anderen Mitgliedern interessiert sein, der Umwelt etwas zurückgeben oder sich durch eine aktive Mitgliedschaft Geld sparen wollen. Das Konzept hinter dem Fitnessstudio ist geeignet, um ein Teil der alltäglichen Gewohnheit bei dem Kunden zu werden. Die oben genannten Kriterien sind nur durch eine regelmäßige aktive Nutzung des Studios und der Geräte zu erreichen. Durch die Messbarkeit ist für jeden Kunden greifbar war er erreicht hat. Wenn diese Bedingungen nicht erfüllt sein sollten, dann bleibt der Belohnungseffekt und dadurch auch der Anreiz das ganze Konzept weiter zu nutzen aus.

6 Lean Startup

Bei der Lean Startup Methode handelt es sich um einen pragmatischen Ansatz, die die Wahrscheinlichkeit des Scheiterns durch schlanke Strukturen und geringe Kosten reduzieren soll (Gentz, 2015). Ein Produkt oder eine Dienstleistung wird bei dieser Methode grob gestaltet und möglichst schnell auf den Markt gebracht. Durch das kontinuierliche

Feedback der Kunden können Rückschlüsse gezogen werden, welche Wiederum für die Entwicklung des Prototypens genutzt werden. Durch die Interaktion mit dem Kunden soll eine permanente Feedbackschleife entstehen, welche dabei hilft, das Produkt oder die Dienstleitung so zu entwickelt, dann sie den Anforderungen und Wünschen des Marktes entspricht (Startplatz, 2016). Um eine solche Test durchzuführen, wird ein fertiges Fitnessstudio, mit Geräten und Personal benötigt. Da dies noch nicht existiert ist eine realistische Testung nicht möglich. Ein interessanter Ansatz für eine solche Testung ist es mit Influencern in den sozialen Medien zusammenzuarbeiten. Hierdurch wird die definierte Zielgruppe erreicht und gleichzeitig aktives ungefiltertes Feedback zum Konzept eingeholt. Im Folgenden werden zwei Hypothesen aufgestellt.

1. Die durchschnittliche Nutzungswahrscheinlichkeit der Zuschauer beträgt über 50%
2. Die Interaktion auf der Landingpage ist bei Frauen über 30 Jahren höher als bei Männern über 30 Jahren.

<u>Zu 1.:</u> Influencer die einen Instagram Kanal betreiben, wird ein Gerät, für einen Zeitraum von 8 Wochen zur Verfügung gestellt. Das Gerät wird in den Storys getestet und das Konzept wird den Zuschauern vorgestellt. Während der Testung wird die Nutzungswahrscheinlichkeit mit einer einfachen Umfrage und den Antwortmöglichkeiten „Ja" und „Nein" herausgefunden. Anschließend haben die Zuschauer die Möglichkeit zu kommentieren, warum sie sich für die gewählte Antwortmöglichkeit entschieden haben. Des weiteren können sie Verbesserungsvorschläge, Kritiken und Interesse äußern. Durch die von Instagram möglichen Analysetools, kann eine genaue Auflistung der erreichten Personen inklusive ihrer ausgewählten Antwortmöglichkeiten und den ggf. gegeben Hinweisen erfolgen. Dadurch kann die Forschungsfrage beantwortet werden und das Verhalten der vorher definierten Zielgruppe analysiert werden, um diese eventuell anzupassen.

<u>Zu 2.:</u> Influencer die einen YouTube Kanal. Betreiben, wird ein Gerät für einen Zeitraum von 8 Wochen zur Verfügung gestellt. Das Gerät wird in den Videos und Livestreams getestet und das Konzept wird den Zuschauern vorgestellt. Während der Livetestung haben Zuschauer die Möglichkeit Fragen zum Gerät zu stellen, welche von einem Mitarbeiter der Firma beantwortet werden. Außerdem wird in der Infobox und in den Kommentaren die Homepage angepinnt, so dass jeder Interessent die Seite aufrufen kann. Die Web-

site beinhaltet weitere Informationen zum Konzept und die Möglichkeit über ein Kontaktformular Fragen zu stellen und Kontakt zum Betreiber aufzubauen. Die Kommentarfunktion unter dem Video, sowie der Live-Chat während des Livestreams ermöglichen Informationen über die Zuschauer zu sammeln. Ebenso werden auf der Landingpage Informationen gesammelt, die beispielsweise Aussagen ob ein Besucher die Homepage mehrfach besucht, hat gesammelt. Die Informationen aus dem Kontaktformular werden ebenfalls weitergenutzt, hier wird unter anderen das Geschlecht und das Alter abgefragt. Die Informationen werden analysiert, sodass die definierte Zielgruppe angepasst werden kann.

Für den ersten Versuchsdurchlauf sind die Auswertungen der Social-Media-Kanäle sehr hilfreich, allerdings werden dadurch nicht alle Personen der definierten Zielgruppe erreicht. Dem entsprechend sollten weitere Daten erhoben werden, beispielsweise durch die Ausstellung auf Fachmessen.

7 Markenmanagement

Der Markenwert, auch Brand Equity genannt, ist die Gesamtheit aller positiven und negativen Vorstellungen, die in einem Konsumenten teilweise oder gang aktiviert werden, wenn er das Markenzeichen wahrnimmt (Winkelmann, 2010, S. 527).

7.1 Markenentwicklung

Der Name des Fitnessstudios „Green Balance" setzt sich auf den zwei Worten „Green" und „Balance" zusammen. Wobei das „Green" den ökologischen, nachhaltigen Charakter des Unternehmens fördert und „Balance" für das Gleichgewicht steht, welches durch Sport und Aktivitäten im inneren jedes einzelnen Kunden entstehen soll. Der selbstbewusste Slogan von Green Balance „Lass Taten sprechen" zeigt auf, dass es wichtig ist, nicht immer nur Dinge vorzuhaben und drüber zu reden, sondern einfach anzufangen. Taten sind hierbei die sportlichen Aktivitäten denen nachgegangen wird, aber auch die positiven Einflüsse auf die Umwelt. Das Logo entspricht einem minimalistischen Design, welches aus zwei unterschiedlichen Grüntönen besteht. Die zwei Blätter stehen für die Natur und ergeben durch die drehende Bewegung eine Andeutung von Yin und Yang.

Anmerkung der Redaktion:
Diese Abbildung wurde aus urheberrechtlichen Gründen entfernt.

Abbildung 2: Logo von Green Balance

7.2 Aufbau starker Marken

Für den neu entwickelte Marke werden im Folgenden drei Strategien angewandt um das Wissen mit den Interessenten und Nutzern zuteilen.

1. Qualitätsgarantie

   Für das Unternehmen ist es wichtig, dass einheitliche Qualitätsstandards im Bereich des Trainings und der -betreuung, sowie im Umgang mit Interessenten und Kunden erfolgen. Des Weiteren sind Hygienestandards essenziell wichtig. Auch die Qualität der Werbung in den sozialen Medien muss hochgehalten werden.

2. Kommunikation

   Die Kommunikation mit Interessenten und Kunden muss einem einheitlichen Standard unterliegen. Das Personal muss das Unternehmen und alle Besonderheiten kennen und weitergeben können. Auch die Kommunikation in den Medien wichtig, ebenso wie die Beantwortung von Bewertungen, die zur kontinuierlichen Verbesserung des Unternehmens beitragen.

3. Vertrauen

   Der durch Trainingseinheiten erzeugte Strom, muss für Interessenten und Kunden transparent aufgezeigt werden. Hierfür ist ein seriöses Verfahren notwendig, welches jede einzelne Trainingseinheit dokumentiert und auswertet. Um auch in der Anfangszeit sein Versprechen zu halten, dass das Studio durch den eigenen erzeugten Strom funktioniert, muss gerade am Anfang noch Energie aus weiteren nachhaltigen Quellen, wie beispielsweise der Windkraft herangezogen werden. Sofern es möglich ist, sollten Gütesiegel von offiziellen Stellen angefordert werden.

Im Großen und Ganzen funktionieren die drei genannten Strategien nur gemeinsam. Daher ist es wichtig, dass keine der Strategien bevorzugt oder vernachlässigt wird. Nur durch eine ausreichende Kommunikation des Konzeptes kann dieses erfolgreich etabliert werden.

8   Literaturverzeichnis

Kuhn, M., Ruff, F. & Splittgerber, M. (2014) Corporate Foresight und strategisches Issues Management. In Zerfaß, A. & Piwinger, M. (Hrsg.), *Handbuch Unternehmenskommunikation. Strategie-Management-Wertschöpfung* (2. Aufl.). Wiesbaden: Springer Gabler

Kurzhals, K., Uude, K., Sorman, E., Chak, C.M. & Banze, M. (2022). *Das Co-Creation Toolbook. Methoden für eine erfolgreiche Kooperation zwischen Hochschule und Gesellschaft.* Wiesbaden: Springer Gabler.

Birg, H. & Flöthmann, E. (2002). Langfristige Trends der demographischen Alterung in Deutschland. *Zeitschrift für Gerontologie und Geriatrie*, 35, 387-398.

Deckers, R. & Heinemann, G. (2008). *Trends erkennen – Zukunft gestalten. Vom Zukunftswissen zum Markterfolg* (Edition BusinessInside). Göttingen: BusinessVillage GmbH.

Horx, M., Huber, J., Steinle, A. & Wenzel, E. (2007). *Zukunft machen. Wie Sie von Trends zu Business-Innovationen kommen.* Ein Praxis-Guide. Frankfurt, M: Campus.

Statista. (2021). *Fitnessbranche in Deutschland.* Zugriff am 24.08.2022. Verfügbar unter https://de.statista.com/statistik/daten/studie/6228/umfrage/umsatz-der-fitness-branche-in-deutschland/

Statista. (2020). *Kennzahlen der globalen Fitness-Industrie in den Jahren 2016 bis 2019.* Zugriff am 24.08.2022. Verfügbar unter https://de.statista.com/statistik/daten/studie/431328/umfrage/kennzahlen-der-weltweiten-fitness-industrie/

Häusel, H.-G. (2007). *Limbic success. So beherrschen Sie die unbewussten Regeln des Erfolgs; die besten Strategien für Sieger* (2. Aufl.). Freiburg: Haufe.

Häusel, H.-G. (2010). *Think limbic! Die Macht des Unbewussten verstehen und nutzen für Motivation, Marketing, Management* (4. Aufl.). Freiburg: Haufe-Medien-Gruppe.

Häusel, H.-G. (2012). *Brain view. [warum Kunden kaufen]* (3. Aufl.). Freiburg: Haufe.

Uebernickel, F., Brenner, W., Pukall, B., Naef, T. & Schindholzer, B. (2015). *Design Thinking. Das Handbuch.* Frankfurt am Main: Frankfurter Allgemeine Buch.

Christensen, C. M. (2010). *Integrating around the job to be done* (N9-611-004). Zugriff am 24.08.2022. Verfügbar unter https://de.scribd.com/document/350257702/Integrating-Around-the-Job-to-Be-Done-1

Christensen, C. M. & Moesta, B. (2016). *Know the Job Your Product Was Hired for (with Help from Customer Selfies).* Zugriff am 24.08.2022. Verfügbar unter https://hbr.org/2016/06/know-the-job-your-product-is-doing-with-help-from-customer-selfies

Furr, N. R. & Dyer, J. (2014). *The innovator's method. Bringing the lean startup into your organization.* Boston: Harvard Business Review Press.

Eyal, N. (2014). *Hooked. Wie Sie Produkte erschaffen, die süchtig machen* (1. Aufl.). München: Redline Verlag.

Gentz, J. (2015). *8 Besonderheiten von Lean Startups – deutsche startups.de – News zu Startups, Venture capital und digitalen Jobs.* Zugriff am 25.08.2022. Verfügbar unter https://www.deutsche-startups.de/2015/01/26/8-besonderheiten-von-lean-startups/

Startplatz (Hrsg.). (2016). *Lean Startup Methode.* Zugriff am 25.08.2022. Verfügbar unter https://www.startplatz.de/startup-wiki/lean-startup-methode/

Winkelmann, P. (2010). *Marketing und Vertrieb, Fundamente für die marktorientierte Unternehmensführung.* (7., überarbeitete und aktualisierte Aufl.). München: Oldenbourg.

9   Abbildungs- und Tabellenverzeichnis

9.1   Abbildungsverzeichnis

9.2   Tabellenverzeichnis

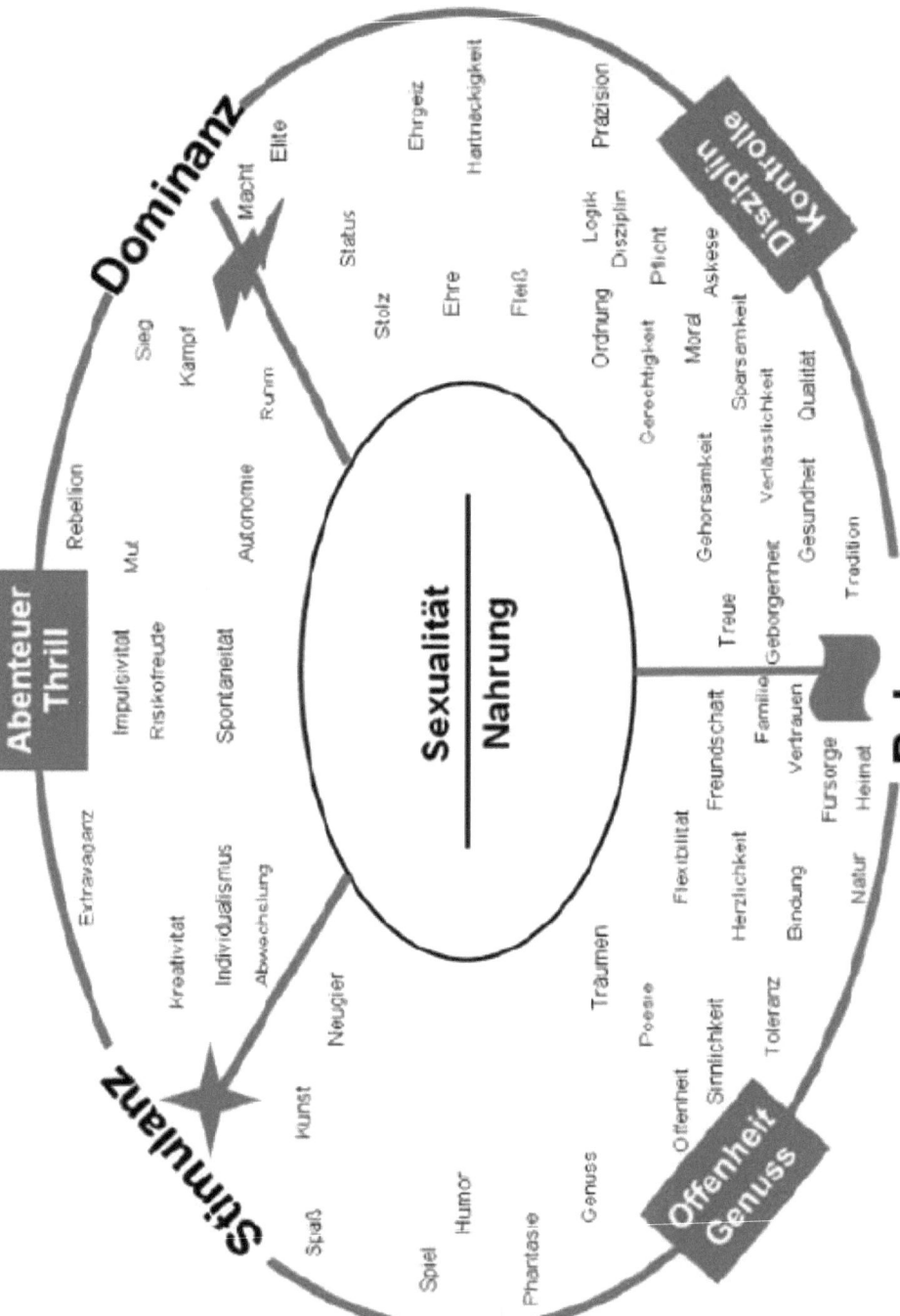